Hoe je met simpele stapjes jouw

EIGEN FORTUIN

opbouwt

Hoe je met simpele stapjes jouw

    EIGEN FORTUIN

      opbouwt

Jasmin Hajro

Jasmin Hajro

© 2016

Omslagontwerp Jasmin Hajro

2de druk

ISBN-13: 978-1976302329

In dit boek ontdek je :

- Er is genoeg geld op de wereld

- het Pay yourself first principe

- 10 % van alles

- het Geheim van succes

- Trend (die belangrijk is voor jou)

- Voorbereiding

- Systematisch opbouwen

- Jouw resultaat na 10 jaar

- het 2de geheim van succes

Het Goede Nieuws

Geld blijft binnenstromen bij jou.
Geld blijft binnenstromen.
Geld blijft circuleren.
Geld heeft dit honderden jaren gedaan.
Geld zal dit honderden jaren blijven doen.

Sinds jij voor het eerst zakgeld kreeg,
sinds jij voor je eerste bijbaantje betaald kreeg.
Sinds je studiefinanciering begon binnen te komen,
sinds jouw baan maandelijks je salaris begon te betalen.
Sinds jouw bedrijf winstgevend werd.

Geld bleef iedere maand bij jou binnen komen.

Zelfs bij mensen met een bijstand of ww uitkering.
Gelukkig.
Gelukkig blijft geld regelmatig binnen komen.

Er is genoeg geld op de wereld.
Mocht het nodig zijn, dan wordt er meer geld bijgemaakt.

het Pay Yourself First principe

Het betaal jezelf eerst principe.
Het betekent dat wanneer je jouw geld ontvangt,
je eerst jezelf betaalt
door bijvoorbeeld een tiende opzij te zetten.

Om het resultaat hiervan te verduidelijken,
maken we een voorbeeld berekening.

Je verdient bijvoorbeeld 3000,- euro per maand.
En je betaalt jezelf eerst,
oftewel : je zet een tiende (10%) van je inkomen opzij.
Dus 300,- euro per maand.

Het jaar heeft 12 maanden,
dus na 1 jaar heb je (12 x 300) = 3600,- euro.
Na 1 jaar heb je een heel maand salaris opzij gezet.

Als je iedere maand een tiende opzij zet,
hoeveel heb dan na 10 jaar ?
(3600 x 10) = 36000,- euro.
Dus na 10 jaar heb je 36000,- euro
oftewel een heel jaar salaris opzij gezet.

Verderop in dit boekje,
ziet u hoe u dat bedrag dat u maandelijks opzij zet.
Harder kunt laten groeien.

10 % van alles

Het is belangrijk dat wanneer je eerst jezelf betaalt,
door 10 % opzij te zetten.
Dat je 10 % van alles opzij zet.

Natuurlijk 10 % van je inkomen.

Maar ook 10 % van de fooi als je die krijgt,
ook 10 % van je toeslagen,
ook 10 % van je cadeaugeld,
ook 10 % van je 13de maand,
ook 10 % van je bonus,
ook 10 % van je loonsverhoging,
ook 10 % van je belasting teruggaaf,
ook 10 % van je welkomst premie.

Vanuit welke hoek of van wie dan ook je geld ontvangt,

het eerste wat je doet is jezelf eerst betalen.

Door een tiende ervan opzij te zetten.

het Geheim van succes

Het geheim van succes is DOORZETTEN.

Als het 20 jaar duurt,
voor jij miljonair bent.
Als dat betekent dat je 20 jaar,
ervoor moet werken en sparen & investeren.
Dan moet je wel 20 jaar DOORZETTEN met
werken en sparen & investeren.

En niet na 5 jaar ermee stoppen....

DOORZETTEN tot dat jij jouw doel bereikt.

Het 2de geheim van succes is :

WAT JE MET JE TIJD DOET

Dus Niet uren tv gaan kijken,

maar geld gaan verdienen

&

omgaan met mensen die veel geld verdienen.

Zodat je van hun leert om nog meer geld te verdienen.

Dat geld laat je dan hard voor jou werken,

volgens dit systeem, dat je aan het leren bent.

De persoon die jou rijk gaat maken,
degene die jouw Eigen Fortuin gaat opbouwen,
ben JIJ.

Zorg daarom goed voor jezelf.

Zodat je lang kunt doorgaan en doorzetten,
totdat jij jouw doel bereikt.

Trend

Omdat mensen tegenwoordig langer leven,
hebben ze voor langere tijd geld nodig.

Veel mensen bouwen inkomen op voor later,
met dividend uitkerende &
rente uitkerende beleggingen.

Hierdoor zal de waarde van deze beleggingen,
in de loop der tijd stijgen.

Het deel van je geld
dat je gaat beleggen,
wordt dus meer waard.

Obligaties in het kort

Als je een obligatie koopt,
leen je in feite geld aan een bedrijf of overheid.
Je krijgt hiervoor rente,
die jaarlijks wordt uitgekeerd.

Een obligatie kost meestal rond de duizend euro.
Sommige obligaties hebben een bepaalde loop tijd,
bijvoorbeeld 10 jaar.
Als deze obligatie 5 % rente geeft,
met een loop tijd van 10 jaar.
En je koopt deze obligatie.

Dan krijg je de aankomende 10 jaar,
ieder jaar 50,- euro aan rente.
Na die 10 jaar, krijg je je inleg,
die duizend euro terug.

Bij sommige obligaties staat geen jaartal.
Er staat een p bij, de afkorting voor Perpetual,
wat eeuwigdurend betekent.
Deze perpetual obligaties keren jaarlijks rente uit.
Zolang de organisatie die ze uitgeeft, blijft bestaan.
Dat kan honderden jaren zijn.

Je koopt een keer een obligatie,
en krijgt ieder jaar 50 euro aan rente,
de aankomende 50 jaar.
Zonder dat je er iets voor hoeft te doen !

Dat is beter he ?

Voorbereiding

Voor jij begint met het opbouwen van je Eigen Fortuin,
moeten we de voorbereiding eerst doen.
De voorbereiding bestaat uit 3 dingen.

1. Laat jouw testament opmaken door een notaris.

Dit is niet leuk, maar wel belangrijk.
Zodat als je er niet meer bent,
er geen onduidelijkheden of misverstanden zijn.
Over wat je na laat en aan wie.

2. Zorg dat je goed verzekerd bent.

Sluit de verzekeringen die je nodig hebt,
en nodig denkt te hebben af.
Zoals een overlijdensrisicoverzekering en
een uitvaart verzekering.
Zodat als je er niet meer bent,
jouw nabestaanden niet worden opgescheept met die kosten.
En nog dingen moeten regelen.
Maar dat alles nu al, goed geregeld is.
Probeer al je verzekeringen bij 1 of 2 aanbieders onder te
brengen, zodat je korting krijgt op je verzekeringenpakket.

3. Open de volgende 3 rekeningen :

Een spaar rekening,
een deposito rekening,
een beleggingsrekening.

Systematisch opbouwen

Op die 3 rekeningen ga je systematisch,
je Eigen Fortuin opbouwen.
Met het bedrag dat je van je inkomen,
iedere maand opzij zet.

Als je zoals in ons voorbeeld,
per maand 300,- opzij zet.
Dan verdeel je die 300,- euro ,
over je 3 rekeningen.
1/3 Sparen, dus je zet 100,- euro op je spaar rekening.
1/3 Deposito, dus je zet 100,- euro op je deposito rekening.
1/3 Beleggen, dus je zet 100,- euro op je beleggingsrekening.

Op je beleggingsrekening beleg je de helft in een dividend
uitkerend aandelen beleggingsfonds.
En de andere helft beleg je in een rente uitkerend obligatie
beleggingsfonds.

Bijvoorbeeld :

50,-euro, NN Utilities Fund Dis
50,-euro, Triodos Sustainable Bond Fund

Je kunt dit dan het hele jaar zo laten staan.
Zonder ernaar te hoeven omkijken.

Na dat jaar, ontvang je rente op je spaar rekening.
En rente op je deposito rekening.
En dividend & rente op je beleggingsrekening.

Dit geld werkt nou voor jou.
Zo laat je het groeien.
Je krijgt ook in de loop der jaren,
het rente op rente effect.
Waardoor het sneller groeit.

Iedere maand

Volgende maand betaal je jezelf eerst,
door een tiende van je inkomen,
opzij te zetten.

Dit bedrag van 300,- euro verdeel je weer over je 3 rekeningen.
1/3 Sparen, dus 100,- euro naar je spaar rekening.
1/3 Deposito, dus 100,- euro naar je deposito rekening.
1/3 Beleggen, dus 100,- euro naar je beleggingsrekening.

Op je beleggingsrekening beleg je de helft in een dividend
uitkerend vastgoed beleggingsfonds.
De andere helft beleg je in een rente uitkerend obligatie
beleggingsfonds.

Bijvoorbeeld :

50,- euro, BNP High Income Property Fund
50,- euro, NN Global Obligatie Fonds

In totaal heb je nou :

200,- euro op je Spaar rekening
200,- euro op je Deposito rekening
200,- euro op je Beleggingsrekening
Het bedrag op je beleggingsrekening is
gelijk verdeeld over 4 beleggingsfondsen.

Dit betekent voor jou,
dat je jaarlijks rente ontvangt op je spaar rekening.
En dat je jaarlijks rente ontvangt op je deposito rekening.
En dat je jaarlijks dividend &
rente ontvangt op je beleggingsrekening.

De volgende maand doe je weer dezelfde 3 stapjes

Stap 1 : Van je inkomen zet je een tiende (10 %) opzij.

Stap 2 : Dat een tiende, in ons voorbeeld die 300,- euro verdeel je over jouw 3 rekeningen.
Een derde op je spaar rekening.
Een derde op je depositorekening.
En een derde op je beleggingsrekening.

Stap 3 : Het bedrag op je beleggingsrekening,
deel je in twee.
De ene helft beleg je in een dividend uitkerend aandelen beleggingsfonds
of
een dividend uitkerend vastgoed beleggingsfonds.
De andere helft beleg je in een rente uitkerend obligatie beleggingsfonds.

De maand erna doe je weer dezelfde 3 stapjes.

Daarna doe je iedere maand dezelfde 3 stapjes.

Waarom niet alles beleggen ?

Het is belangrijk dat jij,
je houdt aan de beschreven verdeling.
Met deze verdeling loop je alleen risico
over een derde van je geld.

Door dat deel waar je risico over loopt,
goed te spreiden.
Verminder je het risico.

Beleggingsfondsen zijn ook al gespreid in zich zelf.
Een beleggingsfonds is zelf belegd in 50, 100 of meer bedrijven.

Het bedrag waarmee je maandelijks eerst jezelf betaalt,
oftewel wat je opzij zet.
Verdeel je altijd over je 3 rekeningen zoals hieronder :

1/3 sparen
1/3 deposito
1/3 beleggen

Het is verstandig om je beleggingen in beleggingsfondsen
ook te spreiden per categorie,
zoals hieronder :

1/3 aandelen beleggingsfondsen
1/3 obligaties beleggingsfondsen
1/3 vastgoed beleggingsfondsen

Kies voor beleggingsfondsen die dividend of rente uitkeren.

Verschillend

Het kan zo zijn,
dat je spaar rekening de rente per maand uitkeert.
Of per jaar.
Dat verschilt per bank en spaar rekening.

Het kan zo zijn, dat je beleggingsfondsen
het dividend per kwartaal uitkeren.
Of per jaar.
Dat verschilt per beleggingsfonds.

Als je bij de Rabobank een deposito rekening opent,
het zogenoemde Doelsparen.
Dan kun je zelf bepalen,
hoe vaak je er geld in zet,
en hoeveel.
Dat is een erg handige deposito rekening.

Het kan zo zijn dat andere banken,
een minimum inleg vragen voor een deposito rekening.
Bijvoorbeeld 500,- euro.

Als de bank waar jij je deposito rekening opent,
een minimum inleg vereist.
Dan kun je dat maandelijks opsparen,
totdat je genoeg hebt om het in een deposito vast te zetten.

In ons voorbeeld,
heb je na 5 maanden (5 x 100,-) = 500,- euro,
genoeg opgespaard.
Je voldoet aan de minimum inleg.
En je kunt 500,- euro in je deposito vast zetten,
voor bijvoorbeeld 10 jaar.

Na 1 jaar

Na 1 jaartje heb je in totaal 3600,- euro opzij gezet.
(12 maanden x 300,- = 3600,- euro)

Maandelijks heb je de 3 stapjes gedaan.

Nou heb je :

1/3 van 3600,- is 1200,- euro en dat zit op je spaar rekening.
1/3 van 3600,- is 1200,- euro en dat zit op je deposito rekening.
1/3 van 3600,- is 1200,- euro en dat zit op je beleggingsrekening.

Op je beleggingsrekening heb je gespreid per categorie, dus :

1/3 van 1200,- is 400,- euro en dat zit in aandelen beleggingsfondsen.
1/3 van 1200,- is 400,- euro en dat zit in obligatie beleggingsfondsen.
1/3 van 1200,- is 400,- en dat zit in vastgoed beleggingsfondsen.

Je hebt belegd in dividend uitkerende en rente uitkerende beleggingsfondsen.

Dus op je beleggingsrekening ontvang je rente en dividend.
Op je deposito rekening ontvang je rente.
En op je spaar rekening ontvang je ook rente.

Stap 4 en 5

Stap 4 : Als je 1200,- euro in beleggingsfondsen hebt staan,
verkoop je 1100,- ervan.

In ons voorbeeld, heb je ieder jaar 1200,- euro in
beleggingsfondsen belegd.

Dus ieder jaar verkoop je 1100,- euro
uit je beleggingsfondsen.

Zodat je 1100,- euro cash hebt,
op je beleggingsrekening.

Stap 5 : Met die 1100,- euro cash op je beleggingsrekening,
koop je 1 individuele obligatie.

Een obligatie die een hoge rente aan je uitkeert,
en een lange loop tijd heeft.

Of een perpetual obligatie die een hoge rente
aan je uitkeert.

Na 10 jaar

Als je de beschreven stapjes doet,
iedere maand en ieder jaar.
De aankomende 10 jaar.

Dan heb je :

1200,- x 10 jaar = 12000,- euro op je spaar rekening.
1200,- x 10 jaar = 12000,- euro op je deposito rekening(en)
1200,- x 10 jaar = 12000,- euro op je beleggingsrekening

Iedere keer als je 1200,- euro in beleggingsfondsen had,
heb je 1100, euro daarvan verkocht.
En daar 1 obligatie van gekocht.
Dus na 10 jaar heb je 10 obligaties.

Als je perpetual (eeuwigdurende) obligaties,
die 10 % rente per jaar uitkeren,
hebt gekocht.
Ontvang je (10 x 100,-) = 1000,- euro aan rente per jaar.

Nou kun je 2 obligaties per jaar bijkopen.
Van wat je opzij zet op je beleggingsrekening
& van de rente opbrengst van je obligaties.

Hierdoor wordt je jaarlijkse totale opbrengst,
steeds groter.

Steeds grotere totale opbrengst per jaar voor jou

In de loop der tijd wordt je totale opbrengst per jaar,
aan rente & dividend steeds groter.
Hierdoor kun je steeds meer obligaties per jaar bijkopen.
En daardoor wordt je totale opbrengst per jaar nog groter.

Bijvoorbeeld na vele jaren :

Je hebt 10 perpetual obligaties die 10 % rente uitkeren,
je ontvangt per jaar 1000,- euro aan rente.
En je hebt 100 obligaties die een loop tijd van 20 jaar hebben,
en die 8 % rente uitkeren.
Je ontvangt per jaar 8000,- euro aan rente.

Plus de rente die je ontvangt op je spaar rekening
& plus de rente die je ontvangt op je deposito rekening(en)

In totaal is je jaarlijkse opbrengst meer dan tien duizend euro.

En daarmee kun je nog meer obligaties bijkopen,
zodat je totale jaarlijkse opbrengst nog groter wordt.

Hoe nu verder ?

Als je dit boekje begrijpt,
en je begrijpt alle stapjes die je moet doen.
Als je alles zelf gaat doen,
dan is dat prima.

Ga aan de slag.

Begin met het opbouwen van jouw Eigen Fortuin.

Als je vindt dat je wel wat hulp kunt gebruiken,
kun je dat vragen aan iemand.
Je kunt het aan je adviseur bij de bank vragen.
Of je zoekt een onafhankelijk adviseur.
Dan ga je samen jouw Eigen Fortuin opbuwen.

———————

Leg dit boek op een plaats,
zodat je het iedere dag ziet.
Zodat het je herinnert aan jouw doel :

jouw Eigen Fortuin opbouwen.

En zodat het je herinnert aan de stapjes die je iedere maand &
ieder jaar moet doen.

———————   ———————

Bedankt voor het kopen van dit boek

&

succes met het opbouwen van

jouw Eigen Fortuin

Dit boek is geschreven in simpele taal,
zodat iedereen het kan begrijpen.
En de beschreven stapjes makkelijk kan doen.

Dit boek leert je om systematisch,
met simpele stapjes,
jouw Eigen Fortuin op te bouwen.

''Hoe je met simpele stapjes jouw Jouw Eigen Fortuin opbouwt

is het resultaat van

jarenlange zelfstudie en

praktische ervaring ''

Jasmin Hajro,

de auteur van dit boek &

het boek Moneymaker,

is beleggingsexpert & serie ondernemer.

Voor meer informatie, ga naar :

www.hajro.nl

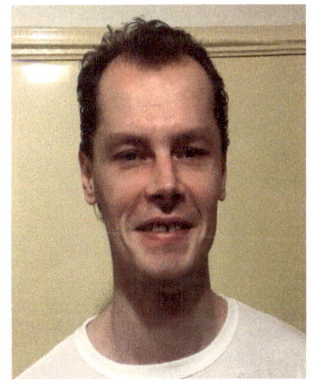

www.ingramcontent.com/pod-product-compliance
Lightning Source LLC
Chambersburg PA
CBHW040254220526
45473CB00001B/472